AF402411

THÈSE

POUR

LE DOCTORAT.

L'ACTE PUBLIC, SUR LES MATIÈRES CI-APRÈS, SERA SOUTENU,

Le Vendredi 27 Décembre 1833,

PAR L. E. PASQUIER.

PRÉSIDENT, M. BUGNET, Professeur.

SUFFRAGANS,
MM. BLONDEAU,
DE PORTETS,
ROYER-COLLARD, } PROFESSEURS.

BOITARD, SUPPLÉANT.

Le Candidat répondra en outre aux questions qui lui seront faites sur les autres objets de l'enseignement.

PARIS.

IMPRIMERIE DE LEBÈGUE,

RUE DES NOYERS, N° 8.

1833.

JUS ROMANUM.

DE EMPTIONE ET VENDITIONE.

(Dig. liv. XVIII, tit. 1, 2, 3, 4, 5, 6.)

SECTIO I. — *Emptionis-venditionis definitio conditiones que
necessariæ proponuntur.*

EMPTIO-VENDITIO contractus est consensu constans et bonæ
fidei, quo id agitur, ut pro certo pretio uni dando, rem alter
accipiat.

Cujus igitur tria sunt requisita substantialia : consensus, res et
pretium.

1° Ante omnia, in emptionibus-venditionibus consensum inter-
cedere debere palam est (L. 9. pr. D. de contr. empt.)

Maxime autem in ipsâ emptione consentire debent contrahentes,
in hoc scilicet placito, ut rem alter alteri pro domino habere
licere, præstare, pretium alter alteri dare vicissim obligetur.
Nemo enim potest videri rem vendidisse, de cujus dominio id agitur ne ad emptorem transeat : sed hoc aut locatio est, aut aliud
genus contractus (L. 80. § 1. D. h. t.)

In pretio etiam consensus requiritur; nec valebit contractus,
si alter alio pretio vendere, alter alio emere putat.

Quodsi de rei corpore erratur, id est, uterque de diversis rebus
cogitat, utique est nullius momenti quod agitur (L. 9. pr. D. h. t.)
Similiter error de rei substantiâ seu materiâ, irritam facit conven-
tionem, ut puta si pro vino venditum est acetum quod nunquam

vinum fuit, æs pro auro, plumbum pro argento (L. 9. §. 2. D. h. t.)

At error circa rei qualitatem ac bonitatem, non impedit venditionem, velut si aurum forte divenditum fuerit, quod emptor optimum existimabat, cum deterius esset (L. 10. D. h. t.); idemque de erroribus dicendum est qui ad rerum accessiones spectant (L. 34. pr. D. h. t.)

Cæterum in omni erroris quæstione, ejus qui contrahit, non qui acquirit, ignorantia spectatur. Nam si servus meus vel filius qui in meâ potestate est, me præsente, suo nomine emat, non est quærendum quid ego existimem, sed quid ille qui emit (L. 12. D. h. t.). Si quis vero contrahat quasi ex mandato alterius, inspicitur quid existimaverit, et quid voluerit, is qui contrahere mandavit. Quum igitur servo dominus rem vendere certæ personæ jusserit, si alii vendidisset quam cui jussus erat, venditio non valet. Idem juris est in liberâ personâ (L. 63. pr. D. h. t.)

2° Nec emptio, nec venditio, sine re quæ veneat potest intelligi (L. 8. pr. D. h. t.). Unde si res vendita in universum perierit, ante perfectum contractum, ignaris contrahentibus, nihil actum est (L. 15. pr. D. h. t.). Sed si pro parte tantum desierit esse in rerum naturâ, multum interest quanta pars permaneat, ut, si quidem dimidia vel major quam dimidia supersit, emptor perficere emptionem compellatur; sin vero minor solummodo, non coarctandus est contractum adimplere (L. 57. pr. D. h. t.). Idemque est, si id cujus contemplatione rem quis comparavit, absumptum sit; veluti si quis fundum emerit ob villam impositam aut arbores in eâ plantatas, et ante venditionem, ignaro utroque, villa exusta fuerit, aut arbores vento dejectæ (L. 58. D. h. t.). Quodsi emptor sciverit rem interiisse, venditori id ignoranti, totum tenetur persolvere pretium (L. 57. § 2. D. h. t.). Sin autem venditor sciebat, emptor ignorabat, nulla stat venditio, nisi remaneat quantacumque pars rei, quo casu venditor emptori quod interest restituere debet (L. 57. § 1. D. h. t.) : si uterque sciebat, nihil actum est, dolo inter utramque partem compensando (L. 57. in fin. D. h. t.)

Cæteroquin etiam incertæ rei emptio recte contrahitur sicut partus futuri aut fructuum nasciturorum (L. 8. pr. D. h. t.). Aliquando et fit emptio spei, veluti quum quasi alea emitur (L. 8. § 1. D. h. t.)

3° Ab emptore pretium esse opportet. Sine pretio æque emptio nulla est (L. 2. § 1. D. h. t.)

Hinc si quis fundum jure hereditario sibi delatum ita vendidisset : *erit tibi emptus tanti quanti a testatore emptus est,* et mox inveniatur non emptus, sed donatus testatori, videtur quasi sine pretio facta venditio; ideoque similis erit sub conditione factæ venditioni, quæ nulla est si conditio defecerit (L. 37. D. h. t.)

Circa hoc pretium, tria desiderantur, ut nempe certum sit, et serium et in pecuniâ numeratâ.

Certum autem pretium intelligimus, quod actu in se certum est, quamvis de eo inter contrahentes non constet, et valet hujusmodi emptio ; *Quanti tu eum emisti, quantum pretii in arcâ habeo.* Magis enim ignoratur quanti emptus sit, quam in rei veritate incertum est (L. 7. § 1. D. h. t.). Imperfectum vero est negotium, quum emere volenti, sic venditor dicit : *quanti velis, quanti æquum putaveris, quanti æstimaveris, habebis emptum* (L. 35. § 1. D. h. t.)

Quodsi venditio ita composita sit, *quanti ille æstimaverit,* constituit Justinianus, ut si quidem ipse qui nominatus est, pretium definierit, omnimodo secundum ejus æstimationem et pretium persolvatur et res tradatur et venditio ad effectum perducatur, emptore quidem ex empto actione, venditore ex vendito agente : sin autem ille qui nominatus est, vel noluerit vel non potuerit pretium definire, tunc pro nihilo esse venditionem, quasi nullo pretio statuto (L. 15. C. h. t.)

Serium vocamus pretium, quod non est simulatum. Emptio enim certe non erit, si quis pretium rei ponit, donationis causâ non exacturus (L. 36. D. h. t.). Si quis vero donationis causâ minoris vendat, venditu valet. Toties enim dicimus in totum venditionem non valere, quoties universa venditio donationis causâ facta est.

Quoties vero viliori pretio res distrabatur, dubium non est venditionem valere. Hoc inter cæteros : inter virum autem et uxorem donationis causâ venditio facta, nullius est momenti (L. 38. D. h. t.)

In numeratâ pecuniâ item pretium consistere debet. Si pro re alia res detur, constat esse permutationem ; et quoniam permutatio est, merito obtinuit sententia Proculi et Nervæ idcirco emptionem et venditionem non esse, repudiatâ Sabinianorum contrariâ opinione (L. 1. D. h. t.)

SECTIO II. — *Quæ res vendi possunt necne, et cujus.*

Omnium rerum quas quis habere, vel possidere, vel persequi potest, venditio recte fit : quas vero natura, vel gentium jus, vel mores civitatis, commercio exemerunt, earum nulla venditio est (L. 34. § 1. D. h. t.)

Hinc liberum hominem scientes emere non possumus : nec talis emptio ant stipulatio admittenda est, *quum servus erit,* quamvis dixerimus futuras res emi posse. Non enim fas est ejus modi casus expectare (L. 34, 52. D. h. t.)

Sacra et religiosa pariter non veneunt (L. 6. pr. D. h. t.)

Item de publicis quæ ad usum publicum, veluti campus Martius, non ad privatum, veluti tabernæ argentariæ, addicta sunt (L. 6 pr. L. 32. D. h. t.)

Illud tamen hâc limitatione accipiendum est, ut si ab ignorante bonâ fide empta fuerint, venditor obligetur emptori in id quod ejus interest non fuisse deceptum (L. 62. § 1. L. 70, L. 4. D. h. t.)

Circa furtivarum rerum venditionem, ita est quoque distinguendum : si emptor et venditor sciat furtivum esse quod venit, a neutrâ parte obligatio contrahitur : si emptor solus sciat, non obligabitur venditor, nectamen ex vendito quicquam consequetur, nisiultro quod convenerit præstet. Quodsi venditor sciat, emptor ignoret, utrimque obligatio contrahitur, ad id scilicet, ut venditor, accepto pretio, rem furtivam tradat a vitio furti liberatam, aut alioquin præstet id quod interest (L. 34. § 3. D. h. t.).

Cum servus fugitivus pro furtivo haberi possit, idem jus ad fugitivum porrectum est.

Non solum vendi potest res venditoris propria; sed et rem alienam distrahere quem posse nulla dubitatio est; sed res venditori auferri potest (L. 28. D. h. t.).

At vero suæ rei emptio non valet; sive sciens, sive ignorans emi : sed si ignorans, quod solvere repetere potero, quia nulla obligatio fuit (L. 16. D. h. t.).

SECTIO III. — *De personis ementium et vendentium.*

Omnes emere et vendere possunt, exceptis solummodo iis quibus hoc jus interdictum est.

Itaque prohibetur quicumque administrator, res quas administrandas habet, sibi comparare, sive per se, sive per interpositam personam (L. 46. D. h. t.) : prohibetur et qui officii causâ in provinciâ agit vel militat (L. 62 pr. D. h. t.).

Tutorem quod attinet, rem pupilli emere non potest; idemque porrigendum est ad similia, id est, curatores, procuratores, et qui negotia aliena gerunt (L. 34. § 7. D. h. t.).

SECTIO IV. — *De pactis quæ adjici solent venditionibus.*

Innumera pacta emptioni-venditioni adjici possunt, quæ prorsus hic enumerare omnino inutile est, exceptis videlicet Addictione in diem et Lege commissoriâ, de quibus separatim dispiciam.

§ 1. — *De in diem addictione.*

In diem addictio fit, cum ita contrahitur emptio, ut meliore intra aliquod tempus oblatâ conditione, aut a perfectâ discedere emptione, aut non perficere emptionem, liceat venditori. Igitur aute pure contrahitur emptio, et resolvitur ex conditione, aut proprie est conditionalis. Quodsi pura, Julianus scribit, hunc cui res in diem addicta est, et usucapere posse, et fructus et accessiones lucrari, et periculum ad eum pertinere (L. 2. D. de addict. in diem.).

Ubi autem conditionalis, negat Pomponius eum usucapere posse, nec fructus ad eum pertinere (L. 4 pr. D. h. t.).

Ut ex lege *addictionis in diem* emptio resolvatur, hæc concurrere opportet :

1° Ut novus existat emptor, et quidem verus, non supposititius (L. 4. § 5. D. h. t.). Cæterum, modo sit verus, non refert an sit solvendus nec ne : quin etiam si ipse emptor alium non idoneum subjecit, eique fundus addictus est, non video quemadmodum priori sit emptus cum alia venditio et vera postea subsecuta sit; sed venditor deceptus ex vendito actionem habet cum priore emptore, quanti suâ intersit, id non esse factum ; per quam actionem et fructus quos prior emptor percepit, et quo deterior culpâ vel dolo malo ejus res facta sit, recipiet (L. 14. § 1. D. h. t.).

2° Ut melior allata sit conditio. Melior autem conditio afferri videtur, si pretio additum sit. Sed etsi pretio nihil addatur, solutio tamen offeratur facilior pretii, vel maturior, melior conditio afferri videtur. Præterea si locus opportunior solvendo pretio dicatur, æque melior videtur allata conditio. Idem juris est, si quis accedat ejusdem pretii emptor, sed qui levioribus emat conditionibus, vel qui satisdationem nullam exigat; aut qui viliore pretio emere sit paratus, ea tamen remittat quæ venditori gravia erant in priori venditione (L. 4. § 6. D. h. t.). Quidquid enim ad utilitatem venditoris pertinet, pro meliore conditione haberi debet (L. 5. D. h. t.).

Melior vero conditio non videbitur allata, si pro eo quod plus affert novus emptor, quædam venditor præstet quæ tanti sunt quanti id quod plus affertur (L. 15. § 1. D. h. t.).

3° Ut intra diem conventionis melior conditio allata sit. Hinc, si prœdio in diem addicto, ante diem venditor mortuus sit, sive post diem heres ei existat, sive omnimodo non existat, priori prœdium emptum est, quia melior conditio allata quæ domino placeat intelligi non potest (L. 15 pr. D. h. t.).

4° Ut venditor meliorem oblatam conditionem amplexus sit. Licet enim venditori meliorem oblatam conditionem abjicere, primamque sequi quasi meliorem (L. 9. D. h. t.). Sed si proponitur a creditore pignus in diem addictum, non potest videri bonâ fide negotium agi, nisi recipiatur adjectio (L. 10. D. h. t.).

5° Ut prior emptor noluerit ipse conditiones suscipere quas alius obtulit. Nam venditor necesse habet, meliore conditione allatâ, priorem emptorem certiorem facere, ut, si quis alius adjicit, ipse quoque adjicere possit (L. 8. D. h. t.).

Resolutâ ex pacto addictionis in diem priore emptione, venditor pretium cum usuris, nec non quæ necessario medio tempore probaverit erogata emptor, restituere debet, rem emptor vicissim una cum fructibus inde perceptis (L. 16. D. h. t.).

§ 2. — *De lege commissorià.*

Lex commissoria pactio est quâ inter venditorem et emptorem convenit ut, nisi certo tempore pretium solvatur, res inempta sit. Magis est, ut hâc lege adjectâ, venditio pura censeatur quam conditionalis, quippe resolvenda potius per existentiam conditionis quam per eam suspendenda (L. 1. D. de leg. commiss.).

Adjicitur hæc pactio in venditoris gratiam, qui eâ proinde potest uti vel non uti (L. 2. D. h. t.), sed tamen protinus post diem statuere debet, utrum commissoriam velit exercere, an pretium petere : nec si semel alterutrum elegerit, mutare deinceps ultra potest (L. 3, L. 4. § 2. L. 7. D. h. t.).

Si venditor declarat se uti velle pacti beneficio, ipso jure contractus resolvitur, et res ei restituenda est cum accessionibus et fructibus quos interim emptor percepit, qui quidem, et arrham, si quam dedit, amittet, nec non damnum ipsius culpa rei importatum resarcire necesse habebit (L. 6. pr. et § 1. L. 5, L. 4. pr. D. h. t.). At ipsi pretium aut restituendum est, aut cum fructibus compensandum (L. 4. § 1. D. h. t.).

Non committitur autem lex commissoria, quum per venditorem
stat, quominus ipsi solvatur (L. 8. D. h. t.).

SECTIO V. — *De hereditate vel actione venditâ.*

Inter res incorporales venditionem recipientes, hereditas præci-
pue et nomina numerantur.

§ 1. — *De hereditate venditâ.*

Primum omnium tenendum est, ejus qui adhuc vivit, nullam
esse hereditatis venditionem (L. 1. D. de hered. vel. act. vend.).

Venditâ vero hereditate, licet emptor heres non fiat, cum is
qui semel heres extitit, non potest desinere heres esse, vicem
tamen heredis sustinet, idque inter emptorem et venditorem
actum intelligitur, ut neque amplius, neque minus juris emptor
habeat, quam apud heredem futurum esset, ac proinde lucrum
omne et damnum ad eum respiciat, nisi quid nominatim excep-
tum sit.

Igitur ad emptorem pertinet bonorum omnium universitas quæ
in hereditate fuerunt, venditionis tempore (L. 2. § 1 D. h. t.).

Non tantum autem quod ad venditorem hereditatis, sed et quod
ad heredem ejus ex hereditate pervenit, emptori restituendum
est; et non solum quod jam pervenit, sed et quod quandoque
pervenerit (L. 2. § 4. D. h. t.).

Pervenisse ad venditorem hereditatis quomodo videatur, quæritur? Et ego puto, antequam quidem corpora rerum hereditaria-
rum nactus venditor fuerit, hactenus videri ad eum pervenisse
quatenus mandare potest earum rerum persecutionem, actiones-
que tribuere. Enimvero, ubi corpora nactus est, vel debita exegit,
plenius ad eum videri pervenisse (L. 2. § 3. D. h. t.).

Quodsi res hereditarias venditor alteri distraxerit aut donaverit,
si id ante venditionem hereditatis factum sit, donatarum quidem
justum pretium, venditarum vero pretium quod inde bonâ fide
consecutus est, emptori hereditatis præstandum (L. 2. § 3. D

h. t.) : sin post venditionem, emptor ipsas res a venditore hereditatis recte petit; quanquam, et si malit, pretium petere potest,
et quidem etiam eo casu quo res, postquam vendita est, interiis-
set; in quâ re, melior apparet conditio emptoris hereditatis,
quam emptoris rei singularis (L. 21. D. h. t.)

Quoniam vero non solum lucrum ad emptorem pertinet, sed et
damnum incommodumque, idcirco venditor actione venditi et
pretium de quo convenit ab eo consequitur, et quidquid propter
hereditatem ex suo erogare necesse habuit.

Igitur si quid publici vectigalis nomine præstiterit venditor,
consequenserit dicere, emptorem ei hoc debere, namque here-
ditaria onera hæc sunt (L. 2. § 16. D. h. t.)

Et generaliter, sive ipse venditor dederit aliquid pro hereditate,
sive procurator ejus, sive alius quis pro eo dum negotium ejus gerit,
locus erit ex vendito actioni, dummodo aliquid absit venditori
hereditatis (L. 2. § 11. D. h. t.)

Item si quæ jura habebat venditor quæ hereditas per confusio-
nem extinxit, hâc actione ab emptore consequetur, ut sibi resti-
tuantur (L. 2. § 18 et 19. L. 24. D. h. t.)

Quum hereditatem aliquis vendit, esse debet hereditas, ut sit
emptio. Nec enim alea emitur, ut in venatione et similibus, sed
res, quæ si non est, non contrahitur emptio, et ideo pretium con-
dicetur (L. 7. D. h. t.). Non idem obtinet, quum hereditas quæ
venit, existit quidem, sed ad venditorem non pertinet : quo casu
enim æstimanda erit (L. 8. D. h. t.)

Quodsi in hereditatis venditione, id actum est, *si quid juris esset
venditoris venire, nec postea quicquam præstitum iri,* quamvis ad
venditorem hereditas non pertinuerit, nihil tamen ab eo præsta-
bitur; quia id actum esse manifestum est ut, quemadmodum
emolumentum negotiationis, ita periculum ad emptorem pertineret
(L. 10. D. h. t.)

Nam hoc modo admittitur esse venditionem, *si qua sit hereditas,
esto tibi empta,* et quasi spes hereditatis venit (L. 11. D. h. t.)

§ 2. — *De actione venditâ.*

Actio vendi potest, sive pura sit, sive in diem vel ex conditione (L. 17. D. h. t.)

Multum autem interest, sub conditione aliqua obligatio veneat, an. quum ipsa obligatio sub conditione sit, pure distracta fuerit. Priore casu, deficiente conditione, nulla est venditio ; posteriore, statim venditio consistit (L. 19 D. h. t.)

Venditor actionis quam adversus principalem reum habet, omne jus quod ex eâ causâ ei competit, tam adversus ipsum reum quam adversus intercessores hujus debiti, cedere debet, nisi aliud convenit (L. 23. pr. D. h. t.)

Simili ratione, qui filii familias nomina vendit, actiones quoque quas habet cum patre præstare debet (L. 3. D. h. t.)

Pariter emptori nominis, etiam pignoris persecutio præstari debet; ejus quoque quod postea venditor accepit. Nam beneficium venditoris prodest emptori (L. 6. D. h. t.)

Cæterum si. nomen sit distractum, Celsus ait locupletem esse debitorem non debere præstare, debitorem autem esse præstare (L. 4. D. h. t.). Sed si certæ summæ debitor dictus sit, in eam summam tenetur venditor : si incertæ, et nihil debeat, quanti intersit emptoris (L. 5. D. h. t.)

SECTIO VI. — *De periculo et commodo rei venditæ.*

Periculum rei venditæ, simul atque perfecta est emptio, ad emptorem spectat. Necessario igitur sciendum est quando perfecta sit emptio, tunc enim sciemus cujus est periculum (L. 8. D. de peric. et comm. rei vend.)

Quum pure veneat, statim perfectæ sunt venditiones, atque de pretio convenit : statim ergo periculum emptorem spectat.

Illud autem sic accipiendum est, nisi culpâ venditoris aut post ejus moram, damnum in re venditâ contingat (L. 35. § 4. D. de contr. empt.)

In his quæ pondere, numero mensurâ ve constant, veluti frumento, vino, oleo, argento, modo ea servantur quæ in cæteris, ut simul atque de pretio convenerit, videatur perfecta venditio; modo ut, etiamsi de pretio convenerit, non tamen videatur perfecta venditio quam si admensæ, appensæ, aut annumeratæ sint (L. 35. §. 5. D. h. t.)

Priori observationi locus est, in his quæ per aversionem veneunt. Nam si omne vinum, vel oleum, vel frumentum, quantumcumque esset, uno pretio venierit, idem juris est quod in cæteris rebus (L. 35. § 5. D. h. t.) Quodsi vinum ita venierit, ut in singulas amphoras; item oleum, ut in singulas metretas; item frumentum, ut in singulos modios; item argentum, ut in singulas libras certum pretium diceretur, quæritur quando videtur venditio perfici. Quod similiter quæritur et de his quæ numero constant, si pro numero corporum pretium fuerit statutum.

Sabinus et Cassius perfici venditionem existimant, cum adnumerata, appensa admensave sint, quia venditio quasi sub hâc conditione videtur fieri, ut in singulas metretas, aut in singulos modios quos, quasve admensuraveris, aut in singulas libras quas adpenderis (L. 35. § 5. D. h. t.)

Est alia res quæ venditionem suspendit, lex scilicet degustandi, ita ut donec degustatio facta sit, aut emptor in morâ fuerit, res sit periculo venditoris (L. 4. § 1 D. de peric. et comm. rei vend.)

Qualicumque re sub conditione venditâ, si pendente conditione res pereat, venditori perit : si duntaxat deterior fiat, existente postea conditione, damnum est emptoris (L. 8 pr. D. h. t.).

SECTIO VII. — *De rescindendâ venditione.*

Quemadmodum emptio-venditio quibusdam ex causis ab initio nulla est, veluti ob dolum nec non ob errorem, ita et quæ ab initio subsistit, subinde infirmatur, idque vel mutuo consensu, vel altero invito per sententiam judicis.

Utriusque voluntate dissolvitur, si res adhuc integra fuerit (L. 5. § 1. D. de rescind. vend.)

Res autem integra videtur quum nondum ex neutrâ parte impleta est aut finita.

Non est igitur integra si jam traditio intervenerit, aut si pretium numeratum sit.

Invito contrahentium altero, variis ex causis emptio rescindi potest, quas hic exponere nostrum non est officium.

DROIT FRANÇAIS.

DE LA VENTE.

(Code civil, liv. 3, tit. 6.)

CHAPITRE I. — De la Nature et de la forme de la Vente.

Définition de la Vente. — La loi définit la vente *une convention par laquelle l'un s'oblige à livrer une chose et l'autre à la payer* (Cod. civ.; art. 1582, al. 1). C'est donc un contrat consensuel, synallagmatique parfait et commutatif.

Comment se constate la Vente. — La simple convention étant ici obligatoire, il est évident que si l'on fait un acte pour la constater, cet acte, qui n'est pas même absolument requis pour la preuve, pourra, suivant la volonté des parties, être authentique ou sous seing privé (art. 1582, al. 2). Mais s'il est sous seing privé, et qu'aucun des contractans ne remplisse actuellement son obligation de livrer la chose ou de payer le prix, il devra être fait en autant d'originaux qu'il y aura de parties ayant un intérêt distinct, et chaque original devra contenir la mention du nombre des doubles qui en auront été faits, le tout conformément à l'art. 1325.

Comment se forme la Vente. — On n'a jamais douté que la vente, contrat consensuel de sa nature, ne fut, en général, parfaite par le seul consentement des parties, et de là on concluait déjà, avec raison, que le vendeur devenant débiteur de corps certain, la chose vendue était aux risques de l'acheteur devenu

"

créancier. Notre Code civil va plus loin, et, d'après le principe
consacré par l'art. 1138, il déclare la propriété acquise de droit
à l'acheteur à *l'égard du vendeur* (art. 1583).

Ces derniers mots sembleraient faire entendre qu'à l'égard de
tout autre, l'acheteur n'est pas propriétaire. Mais une pareille
conclusion serait fausse. On n'a pas voulu, en rédigeant l'article
qui nous occupe, trancher la question de savoir si l'on maintien-
drait le système de la loi du 11 brumaire an VII, qui exigeait la
transcription pour transférer, vis-à-vis des tiers, la propriété des
biens susceptibles d'hypothèques : cette importante question est
au contraire ajournée ; on en renvoie l'examen à la discussion du
titre des *priviléges et hypothèques,* où elle ne reçoit pas encore une
solution définitive ; enfin l'art. 834 du Code de procédure lève
tous les doutes, et aujourd'hui la transcription n'est plus requise
pour transférer la propriété, vis-à-vis des tiers, qu'à l'égard des
donations immobilières (art. 939, 940, 941).

Des divers modes sous lesquels la Vente est contractée. — La mise
aux risques de l'acheteur, et la translation de propriété par le seul
effet du consentement, ont bien lieu lorsque la vente est pure et
simple, et qu'elle a pour objet un corps certain ; mais la vente
peut être faite aussi sous une condition, soit suspensive, soit
résolutoire ; elle peut également avoir pour objet deux ou plusieurs choses alternatives, et dans tous ces cas, il faut suivre les
principes généraux des conventions (art. 1584).

Ainsi, lorsque la vente est faite sous une condition suspensive,
la propriété n'est acquise à l'acheteur que par l'événement de
la condition, et si la chose, qui fait la matière du contrat, vient
à périr, même par cas purement fortuit, elle périt pour le vendeur
(art. 1182). Peu importerait que l'événement se réalisât ensuite :
il n'y a pas lieu, dans cette hypothèse, à l'application du principe
que la condition accomplie a un effet rétroactif.

Si la condition est résolutoire, elle ne suspend pas même
l'exécution de la vente (art. 1183) ; l'acheteur devient immédiatement propriétaire, et en conséquence la perte serait supportée
par lui.

Quand deux choses sont vendues sous une alternative, si l'une d'elles vient à périr, l'autre doit être livrée, soit que le choix appartînt au vendeur, soit qu'il eût été accordé à l'acheteur (art. 1192). Si elles périssent toutes deux sans la faute du vendeur, son obligation est éteinte (art. 1193), et l'acheteur n'en est pas moins tenu de remplir la sienne. Si le vendeur est en faute à l'égard de l'une d'elles, il doit, suivant l'article 1194, le prix de celle qui a péri la dernière; que si, dans ce cas, le choix avait été réservé à l'acheteur, le Code veut qu'il puisse, à son gré, demander la valeur de l'une ou de l'autre.

Lorsque des marchandises ont été vendues au poids, au compte, ou à la mesure, la vente est en quelque sorte conditionnelle, et les choses vendues demeurent aux risques du vendeur, jusqu'à ce qu'elles aient été comptées, pesées, ou mesurées. Mais comme il y a, dès le principe, engagement du vendeur pour l'acomplissement de la condition qui doit réaliser la vente, il est clair que celui-ci peut être actionné par l'acheteur, et, de son côté, le vendeur pourrait certainement actionner l'acheteur, en offrant d'accomplir la condition (art. 1585).

Lorsqu'au contraire les marchandises ont été vendues en bloc, la vente est parfaite comme vente de corps certain; la propriété est transférée à l'acheteur, et par suite la chose vendue est à ses risques, quoique les marchandises n'aient pas été pesées, comptées, ou mesurées (art. 1586).

A l'égard du vin, de l'huile et des autres choses qu'on est dans l'usage de goûter avant d'en faire l'achat, il n'y a pas de vente tant que l'acheteur ne les a pas goûtées et agréées (art. 1587). Il en résulte que, jusqu'à la dégustation, elles sont aux risques du vendeur, et que, fussent-elles bonnes, l'acheteur serait en droit de les refuser, si elles n'étaient pas de son goût.

Mais il faut remarquer que, sauf convention contraire, la condition de dégustation ne peut s'appliquer qu'aux choses qui sont sur les lieux où se fait la vente, et que la vente est parfaite si la marchandise, quoique non goûtée, est expédiée suivant les ordres de l'acheteur (Cod. comm., art. 100).

Des promesses de Vente avec ou sans arrhes. — La vente étant parfaite par le consentement sur la chose et sur le prix, peu importe, lorsque ce consentement est réciproquement intervenu, que l'acte ait été qualifié par les parties *vente* ou *promesse de vente.* C'est en ce sens que la loi déclare que *promesse de vente vaut vente* (art. 1589).

Mais si cette promesse a été faite avec des arrhes, chacun des contractans est maître de s'en départir; celui qui les a données, en les perdant, celui qui les a reçues, en restituant le double (art. 1590).

D'où il suit, nonobstant la généralité des termes de l'art. 1589, que lorsque des arrhes auront été ajoutées au contrat, la promesse de vente et d'achat ne vaudra pas toujours vente. Il faudra en effet distinguer avec soin si les arrhes ont été données comme signe d'un marché conclu, ou bien, au contraire, si elles sont la peine d'un dédit. Si elles étaient de nulle valeur, on devrait les considérer comme la preuve d'une vente parfaite; si elles étaient de quelque importance, elles seraient plutôt regardées comme le prix de la faculté de se dédire. Dans le premier cas, la chose vendue est aux risques de l'acheteur; dans le second, les risques concernent le vendeur.

La promesse de vente ne constitue pas nécessairement un engagement synallagmatique; une personne peut s'obliger à vendre, sans que l'autre soit obligée d'acheter, et *vice versa.*

Dans ces sortes de promesses, celui qui a promis de vendre, ou auquel il a été promis d'acheter, restant jusqu'à la réalisation de l'engagement propriétaire de la chose qui en fait l'objet, elle périt pour lui.

Du prix dans les Ventes. — Une des conditions essentielles à la perfection de la vente, c'est la détermination du prix. Cette détermination doit être l'œuvre des parties elles-mêmes, qui peuvent cependant la laisser à l'arbitrage d'un tiers; et si ce tiers ne peut ou ne veut faire l'estimation, il n'y a pas de vente (art. 1591, 1592).

La loi, au surplus, paraît supposer que le tiers, à l'arbitrage duquel est laissé le prix, doit être une personne spécialement désignée. Toutefois on ne saurait hésiter à regarder comme valable la convention portant que le prix sera réglé par experts : la vente alors est conditionnelle, et la chose est aux risques du vendeur jusqu'à l'estimation.

Disposition spéciale. — Les frais d'actes et autres accessoires à la vente sont à la charge de l'acheteur, sauf convention contraire (art. 1593).

CHAPITRE II. — Des Personnes qui peuvent achéter ou vendre.

Tous ceux qui n'en sont pas déclarés incapables peuvent acheter ou vendre (art. 1594).

Mais indépendamment des incapacités communes à tous les contrats, la loi en établit ici de particulières à la vente, et qui s'appliquent, ou au vendeur seul, ou à l'acheteur seul, ou à tous les deux à la fois.

Au vendeur seul. — Ainsi, 1° le saisi réellement ne peut aliéner l'immeuble saisi, quand la saisie lui a été dénoncée. L'article 692 du Code de procédure décide que, dans ce cas, la vente est nulle de droit, sans même qu'il soit besoin d'en faire prononcer la nullité.

2° D'après l'art. 442 du Code de commerce, le failli étant dessaisi de l'administration de ses biens, ne peut conséquemment les aliéner; et, suivant l'art. 444 du même Code, les aliénations de biens immobiliers, à titre onéreux, même antérieures à l'ouverture de la faillite, peuvent être annullées sur la demande des créanciers, s'ils prouvent qu'elles ont été faites en fraude de leurs droits (Voyez à ce sujet Code civ., art. 1167).

A l'acheteur seul. — Ainsi, 1° à raison de l'opposition d'intérêts qui existe entre le vendeur et l'acheteur, il est expressément défendu au tuteur d'acheter, même en adjudication publique, les biens de son pupille, ni par lui-même, ni par personnes interposées.

La même prohibition s'étend :

Au mandataire, pour les biens qu'il est chargé de vendre;

Aux administrateurs des communes et établissemens publics, pour les biens de ces communes ou établissemens ;

Aux officiers publics chargés de la vente des biens nationaux, pour ceux de ces biens dont la vente se fait par leur ministère (art. 1596).

Celui qui se rendrait acquéreur contre ces prohibitions de la loi, ne pourrait pas demander la nullité de la vente. La personne publique ou privée dont le bien a été adjugé, a seule droit de l'invoquer (art. 1125).

2° La crainte des abus d'autorité et de confiance a fait interdire aux juges, à leurs suppléans, aux magistrats remplissant le ministère public, aux greffiers, huissiers, avoués, avocats et notaires de se rendre cessionnaires des procès et droits litigieux qui sont de la compétence du tribunal dans le ressort duquel ils exercent leurs fonctions, à peine de nullité, dépens, dommages-intérêts (art. 1597) ; et ce droit sera réputé litigieux, lors même qu'il n'y aura pas encore procès commencé, non obstant l'art. 1700.

La nullité de la cession faite dans les termes de l'art. 1597, ne peut être opposé que par le débiteur cédé , qui demeure, si l'annullation est prononcée, soumis à l'action du cédant.

3° L'art. 713 du Code de procédure porte aussi que le saisi réellement, et les personnes notoirement insolvables, ne peuvent se rendre adjudicataire de l'immeuble saisi.

4° Enfin il est défendu, par l'art. 176 du Code pénal, à tous magistrats, fonctionnaires publics, agens du Gouvernement, de s'ingérer dans des affaires de commerce.

Au vendeur et à l'acheteur. — Ainsi, entre époux, il ne peut pas y avoir de vente.

Ce principe ne souffre exception que dans trois cas, qui sont encore plutôt des dations en paiement, que des ventes proprement dites :

1° Celui où l'un des époux cède des biens à l'autre séparé judiciairement d'avec lui ;

2° Celui où la cession que le mari fait à sa femme, même non séparée, a une cause légitime, telle que le remploi de ses immeubles aliénés, ou de deniers à elle appartenant, si ces immeubles ou deniers ne tombent pas en communauté.

3° Celui où la femme cède des biens à son mari, en paiement d'une somme qu'elle lui aurait promise en dot, et lorsqu'il n'y a pas communauté (art. 1595). .

Les héritiers réservataires ont seuls le droit d'attaquer les avantages indirects qui résulteraient de ces actes, et pour l'excédant seulement de la quotité disponible.

Mais si l'avantage indirect ne résultait pas d'une vente faite dans les termes exceptionnels de l'art. 1595, tout héritier indistinctement serait reçu à en faire prononcer la nullité.

CHAPITRE III. — Des Choses qui peuvent être vendues.

Tout ce qui est dans le commerce peut être vendu. Mais outre les choses non susceptibles de propriété privée, et qui sont absolument hors du commerce, tels que les fleuves, les ports, les routes, les forteresses et autres objets mentionnés aux articles 538 et 540 du Code civil, il en est dont l'aliénation est prohibée par des lois particulières (art. 1598).

Ainsi l'immeuble dotal est inaliénable pendant le mariage, sauf les cas d'exception déterminés (art. 1554 et suiv.). Les biens formant les majorats ne peuvent non plus être vendus (v. l'acte du 30 mars 1806, celui du 14 août suivant, et le statut du 1er mars 1808). Les biens nationaux ne peuvent l'être qu'en vertu d'une loi.

Il est encore d'autres objets dont l'aliénation est interdite; mais ces indications générales suffisent (v. au surplus Cod. civ., art. 631, 634, Cod. pro., art. 581, 1004, Cod. pén., art. 314, 318, 475 6°, 477; v. aussi les lois des 6 et 23 messidor an III, l'arrêté du 7 thermidor an x, etc.)

De la Vente de la chose d'autrui — D'après l'art. 1599, la vente de la chose d'autrui est nulle. En droit romain on la déclarait valable. L'acheteur de bonne foi était constitué *in causâ usucapiendi*, et il faisait les fruits siens. Sous le Code civil, il prescrirait également et gagnerait les fruits. Enfin, dans les deux législations, s'il est évincé, il a son recours en garantie contre le vendeur. D'où vient donc, puisque les effets sont les mêmes, que le principe soit si différent? C'est sans doute, qu'en droit romain, le vendeur n'était pas obligé de transférer à l'acheteur la propriété de l'objet vendu; il s'engageait seulement à lui faire avoir la paisible possession, *rem habere licere,* et cet engagement était remplit par la délivrance même de la chose d'autrui; aussi l'acheteur ne pouvait, par cela seul qu'on ne l'avait pas rendu propriétaire, ni refuser absolument le paiement du prix, ni surtout répéter le prix payé, ni conclure à des dommages-intérêts. Dans les nouveaux principes, au contraire, la translation de propriété est le but de la vente, l'acheteur n'a entendu s'engager qu'à l'effet de devenir propriétaire, d'où il résulte clairement, à notre avis, qu'il a le droit, si on lui a vendu la chose d'autrui, de demander l'annullation du contrat, avant même d'être troublé dans sa jouissance; et en outre, comme il est possible que cette vente l'ait induit dans une erreur préjudiciable, elle peut dans ce cas donner lieu en sa faveur à des dommages-intérêts.

Il faut se garder, au reste, de confondre la vente de la chose d'autrui, qui est nulle, avec la convention par laquelle une personne vend une chose connue des deux parties pour appartenir à un tiers, en se portant fort d'obtenir la ratification du propriétaire, convention prévue par l'art. 1120 du Code civil.

De la Vente des choses futures. — Parmi les choses qu'on ne peut pas vendre, la loi range la succession d'une personne vivante (art. 1600). C'est l'application à la vente des règles posées aux art. 1130 et 791.

Hors ce cas, une chose qui n'existe pas encore peut faire l'objet d'une vente comme de tout autre contrat.

Mais il en est autrement d'une chose qui n'existe plus. Ainsi la vente d'une chose périe au moment du contrat serait évidemment nulle. Si la perte n'était que partielle, l'acquéreur aurait le choix, ou de résilier le marché, ou de le maintenir, en faisant déterminer le prix par ventilation (art. 1601), le tout sans préjudice des dommages-intérêts, si le vendeur connaissait la perte totale ou partielle.

Il semble que si l'acheteur la connaissait aussi, il ne jouirait pas de la faculté qui lui est accordée par l'art. 1601.

CHAPITRE IV. — Des Obligations du Vendeur.

Le vendeur a deux obligations principales à remplir, celle de délivrer, et celle de garantir la chose qu'il vend (art. 1603).

Ces obligations résultent de la nature du contrat de vente : il n'est pas nécessaire d'en faire la matière d'une stipulation particulière.

SECTION Ire. — *De la Délivrance.*

La délivrance n'est plus aujourd'hui requise pour transférer la propriété ; mais il n'en est pas moins important de fixer les actes qui la constituent, et qui ont pour effet de libérer le vendeur de sa première obligation.

Cette délivrance consiste dans le transport de la chose en la puissance et possession de l'acheteur (art. 1604).

A l'égard des immeubles, la loi indique deux modes de délivrance : la remise des clefs, s'il s'agit de bâtimens, et la remise des titres de propriété (art. 1605).

A l'égard des effets mobiliers, la délivrance s'opère de trois manières , par la tradition réelle, par la remise des clefs sous lesquelles les objets sont enfermés, enfin par le seul consentement. Ce dernier mode est appliqué à deux cas : celui où l'acheteur avait déjà la chose vendue en son pouvoir, et celui où le transport actuel est impossible (art. 1606).

Sous le nom d'effets mobiliers, on ne doit pas comprendre ici les créances ou droits sur des tiers.

A l'égard des biens incorporels, ils ne sont pas susceptibles d'une possession, ni par conséquent d'une tradition proprement dite. La loi indique deux manières d'en opérer la délivrance : la remise des titres, et l'usage que l'acquéreur en fait, du consentement du vendeur (art 1607).

Les frais de délivrance et ceux d'enlèvement, le lieu et le temps de la délivrance, comme aussi la peine qu'encourrait la partie qui manquerait, sous ces divers rapports, à son obligation, peuvent être l'objet de stipulations particulières. A défaut de stipulation, on suit les principes généraux des *Obligations,* principes dont, au surplus, le Code lui-même fait ici à plusieurs cas l'application spéciale.

Ainsi les frais de la délivrance sont à la charge du vendeur, et ceux de l'enlèvement à la charge de l'acheteur (art. 1608).

La délivrance doit se faire au lieu où était, au temps de la vente, la chose qui en fait l'objet (art. 1609).

S'il n'a pas été fait de convention sur le temps de la délivrance, elle est immédiatement exigible.

Si le vendeur manque de faire la délivrance dans le temps convenu, l'acquéreur pourra, à son choix, demander la résolution de la vente, ou sa mise en possession, si le retard ne vient que du fait du vendeur, et quelque parti qu'il prenne, il obtiendra de plus des dommages-intérêts, s'il a éprouvé du préjudice (art. 1611). Si le retard provenait de force majeure, ou de cas fortuit, les juges pourraient, suivant les circonstances, accorder un délai pour la délivrance de la chose vendue.

L'acheteur ne peut évidemment contraindre le vendeur à exécuter son engagement, s'il ne remplit pas lui-même le sien. Il ne peut donc, en général, demander la délivrance, sans offrir le prix, à moins qu'on ne lui ait accordé un délai (art. 1612).

Le vendeur qui n'a pas stipulé de terme pour la délivrance ne pourrait pas s'y refuser faute de paiement du prix, tant que l'acquéreur serait dans les délais légalement nécessaires pour purger les hypothèques. Mais il le pourrait, lors même qu'il aurait accordé un délai pour le paiement, si depuis la vente l'acheteur était tombé en faillite ou en déconfiture, en sorte que le vendeur se trouvât en danger imminent de perdre le prix. Toutefois, l'offre d'une caution, faisant cesser ce danger, suffit pour conserver à l'acheteur le bénéfice du terme (art. 1613).

La chose doit être délivrée dans l'état où elle se trouve au moment de la vente, c'est-à-dire, non détériorée par le fait ou la négligence du vendeur.

C'est pareillement du jour de la vente que tous les fruits appartiennent à l'acheteur (art. 1614); mais à la charge par lui de rembourser les frais de semences et autres qui auraient pu être faits par des tiers (art. 548), sauf, bien entendu, son recours contre le vendeur.

Les conventions devant s'exécuter de bonne foi, la vente de la chose emporte obligation de délivrer ses accessoires, et tout ce qui est destiné à son usage perpétuel (art. 1615. V. aussi art. 525).

De l'obligation de délivrer la contenance. — Le vendeur est tenu de délivrer la contenance telle qu'elle est portée au contrat, sauf les modifications suivantes (art. 1616).

Et d'abord il faut faire une distinction qui domine toute la matière : la vente a pu être faite *à raison de tant la mesure* ou *pour un seul prix.*

Si la vente a été faite *à raison de tant la mesure,* et qu'il ne soit pas au pouvoir du vendeur de délivrer à l'acquéreur la contenance indiquée au contrat, ou si l'acquéreur ne l'exige pas, le vendeur est obligé de souffrir une diminution proportionnelle du prix (art. 1617), quelque faible que soit le *déficit.*

Au même cas de vente, *à raison de tant la mesure,* s'il se trouve une contenance plus grande que celle indiquée au contrat, l'acquéreur doit payer un supplément de prix, quelque faible que soit l'excédant; que si toutefois cet excédant était d'un vingtième au-dessus des limites déclarées, l'acquéreur aura le choix ou de fournir le supplément du prix, ou de se désister du contrat (art. 1618).

Si au contraire la vente a eu lieu avec indication de la contenance, non plus *à raison de tant la mesure,* mais *pour un seul prix,* soit qu'elle ait été faite d'un corps certain et limité, ou de fonds distincts et séparés, soit qu'elle commence par l'énonciation de la contenance, ou par la désignation de l'objet vendu, l'expression de cette contenance ne donne lieu à aucun supplément de prix en faveur du vendeur pour l'excédant, ni en faveur de l'acquéreur à aucune diminution pour le déficit, qu'autant que la différence de la contenance réelle à celle indiquée est d'un vingtième en plus ou en moins. Ce vingtième, au reste, ne se calcule pas sur le nombre effectif de mesures comparé au nombre déclaré, mais sur la valeur à laquelle se trouve portée ou réduite, par suite de l'excédant ou du déficit, la totalité de l'objet vendu, valeur qu'il faut comparer à celle qu'aurait cette totalité sans l'excédant ou le déficit. Il est d'ailleurs bien entendu que la loi ne dispose qu'à défaut de stipulations particulières (art. 1619).

Enfin, s'il a été vendu deux fonds par le même contrat, et pour un seul et même prix, avec désignation de la mesure de chacun, et qu'il se trouve moins de contenance en l'un et plus en l'autre, il se fait compensation jusqu'à due concurrence. Cela posé, on applique les règles ci-dessus (art. 1623).

Dans le cas où, suivant l'art. 1619, il y a lieu à augmentation du prix pour excédant de mesure, l'acquéreur a naturellement, comme dans le cas prévu par l'art. 1618, le choix, ou de se désister du contrat, ou de fournir le supplément de prix, et ce avec les intérêts, s'il a gardé l'immeuble (art. 1620).

Le désistement de l'acheteur ayant pour principe l'erreur dans laquelle il a été induit par le fait du vendeur, l'équité veut que celui-ci le remette au même état que s'il n'avait pas contracté; il est donc tenu de lui restituer, outre le prix, s'il l'a reçu, les frais du contrat (art. 1621).

L'action en supplément ou diminution de prix, et celle en résiliation, doit être intentée dans l'année à compter du jour de la vente, à peine de déchéance (art. 1622). Si cependant les parties étaient convenues que le mesurage de la contenance n'aurait lieu qu'à une époque déterminée, ce délai ne commencerait à courir qu'à dater de cette époque.

Une dernière observation relative à l'obligation de délivrer, c'est qu'elle constitue le vendeur débiteur de corps certain : il faut donc appliquer, aux risques de la chose vendue, les règles générales sur les risques de la chose due (art. 1624. V. aussi art. 1138, 1182).

SECTION II. — *De la Garantie.*

La garantie que le vendeur doit à l'acheteur a deux objets : le premier est la possession paisible de la chose vendue, le second les défauts cachés de cette chose ou les vices redhibitoires.

§ 1. — *De la Garantie en cas d'éviction.*

La garantie est de droit dans la vente ; elle est de la nature du contrat : l'acheteur n'est censé ne promettre le prix que sous la condition qu'il jouira de la chose (art 1626).

Mais les parties peuvent, par des conventions particulières, ajouter à cette obligation de droit ou en diminuer l'effet, ou même l'exclure entièrement (art. 1627).

Toutefois, la clause de non garantie ne saurait dispenser le vendeur de répondre d'un fait qui lui serait personnel ; il ne peut, à la faveur d'aucune stipulation, se réserver la faculté de troubler lui-même impunément son acquéreur dans la paisible possession qu'il lui a promise (art. 1628).

Par suite de ce principe et de la maxime de droit suivant laquelle on ne peut agir contre celui que l'on est tenu de garantir, il faut décider :

Que si le vendeur de la chose d'autrui est depuis devenu propriétaire de la chose vendue, il ne peut pas en évincer son acquéreur ;

Que celui qui a cautionné la vente, ne peut revendiquer la chose vendue qui se trouvait lui appartenir au moment du contrat.

Il en sera de même de l'héritier pur et simple du vendeur ; il ne pourra répéter sa chose, quoique vendue et livrée par le défunt, sans son consentement. Et s'il n'est héritier que pour une portion, sa revendication ne sera admise que pour ce qui excédera sa part héréditaire.

Dans le cas même de stipulation de non garantie, le vendeur est tenu à la restitution du prix, à moins que l'acheteur n'ait connu, lors de la vente, le danger de l'éviction, ou qu'il n'ait acheté à ses risques et périls (art. 1629).

Il s'agit maintenant de déterminer l'étendue de l'action en garantie.

Elle a quatre objets principaux : 1° La restitution du prix que le vendeur ne peut retenir sans cause ; 2° Celle des fruits, lorsque l'acheteur est obligé de les rendre au propriétaire qui l'évince ; 3° Les dépens, tant ceux faits sur la demande en garantie, que ceux auxquels l'acheteur est lui-même condamné envers le propriétaire qui l'évince ; 4° Enfin les dommages-intérêts, et les frais et loyaux coûts du contrat (art. 1630).

Lorsqu'à l'époque de l'éviction, la chose vendue se trouve diminuée de valeur, ou considérablement détériorée, soit par des accidens de force majeure, soit même par la négligence de l'acheteur, le vendeur n'est pas moins tenu de restituer la totalité du prix (art. 1631). Il le retiendrait *sine causâ*, puisqu'il a manqué à remplir son obligation.

Si pourtant l'acheteur avait tiré profit des dégradations, ce profit devrait se compenser jusqu'à due concurrence avec le prix qu'il doit recouvrer (art. 1632).

Il semble aussi que si la chose vendue n'avait qu'une existence bornée, comme un usufruit, et que l'acheteur en eût joui pendant un certain temps, il ne pourrait pas exiger le remboursement intégral du prix, sauf aux juges à fixer le montant de la restitution, en appréciant d'une part la durée probable de l'existence du droit, et de l'autre les jouissances qu'a eues l'acheteur.

Si d'un côté l'acheteur peut exiger que le garant le remette au même état qu'avant la vente, de l'autre le garant est obligé à l'indemniser de tout le tort que lui fait l'inexécution de ses engagemens. Lors donc que la chose vendue se trouve avoir

augmenté de valeur, à l'époque de l'éviction, indépendamment
même du fait de l'acquéreur, le vendeur est tenu de lui payer ce
qu'elle vaut au-dessus du prix de la vente (art. 1633).

L'indemnité due à l'acheteur ne se borne même pas à cette
plus-value. Le vendeur doit lui tenir compte des réparations et
améliorations utiles qu'il a faites, à moins qu'il n'en ait été rem-
boursé par le propriétaire (art. 1634). Toutefois la loi appliquant
ici le principe posé en l'art. 1150, et ne considérant, comme
dommages-intérêts prévus, que les dépenses utiles, borne au
vendeur de mauvaise foi l'obligation de rembourser les dépenses
voluptuaires ou d'agrément (art. 1635).

Nous avons raisonné jusqu'à présent dans l'hypothèse d'une
éviction totale de l'objet vendu. Mais cette éviction peut n'être
que partielle.

Si l'acquéreur n'est évincé que d'une partie de la chose, et
que cette partie soit de telle conséquence, relativement au tout,
qu'il n'eût point acheté sans elle, il peut faire résilier la vente
(art. 1636).

Mais si la vente n'a pas été résiliée, soit parce que l'acheteur
n'a pas demandé la résiliation, soit parce que sa demande à cet
égard a été rejetée, alors il faut distinguer : ou il a été évincé
d'une quote-part de la chose, telle qu'un quart du tout; et dans
ce cas, son indemnité sera fixée proportionnellement à l'éviction,
suivant les principes posés par les art. 1631 et 1633; ou bien il
a été évincé d'une partie matérielle et déterminée de l'objet vendu,
et il y a lieu à l'application de l'art. 1637, suivant lequel la valeur
de ce dont l'acquéreur est évincé, lui est remboursée d'après
l'estimation, à l'époque de l'éviction, et non proportionnellement
au prix total de la vente.

La garantie de la paisible possession comprend aussi celle des
charges réelles non déclarées. L'existence de pareilles charges
peut, sous certains rapports, être assimilée à une éviction partielle, et donner lieu, comme elle, à la résiliation du contrat.
Il est clair, au reste, que l'apparence de la charge dispense le
vendeur d'en faire la déclaration, et que, dès-lors, il n'y a pas lieu

à garantie pour les servitudes apparentes (art. 1638). Lors même qu'elles seraient occultes, si l'acheteur en avait eu connaissance en fait, il ne serait pas recevable dans sa plainte.

Tout ce qui précède, sur la garantie, n'est, à proprement parler, que l'application faite au vendeur du principe général qui soumet le débiteur aux dommages-intérêts, lorsqu'il ne remplit pas son engagement. Les développemens de ce principe se trouvent au titre des *Obligations* (art. 1639. V. aussi art. 1146—1155).

La garantie, pour cause d'éviction, cesse lorsque l'acquéreur s'est laissé condamner par un jugement en dernier ressort, ou dont l'appel n'est plus recevable, sans faire intervenir son vendeur, si celui-ci prouve qu'il existait des moyens suffisans pour faire rejeter la demande (art. 1640).

L'action en garantie dure trente ans, à compter de l'éviction (art 2257, al. 2).

§ 2. — *De la Garantie des défauts de la chose vendue.*

Le vendeur est tenu de la garantie, à raison des défauts cachés de la chose vendue, qui la rendent impropre à l'usage auquel on la destinait, ou qui diminuent tellement cet usage, que l'acheteur ne l'aurait pas acquise, ou n'en aurait donné qu'un moindre prix, s'il les avait connus (art. 1641).

L'ignorance de l'acheteur ne lui donnerait pas droit à garantie, si les défauts étant apparens, il a pu s'en convaincre lui-même (art. 1642).

Quant au vendeur, il doit connaître la chose qu'il vend, et il n'est pas moins garant, quoiqu'il ait ignoré les vices, sauf alors la clause de non garantie (art. 1643).

Dans le cas des art. 1641 et 1643, l'acheteur a le choix de rendre la chose et de se faire restituer le prix, ou de garder la chose et de se faire rendre une partie du prix, telle qu'elle sera arbitrée par experts (art. 1644).

De l'art. 1644 combiné avec l'art. 1641 il résulte nécessairement que l'acheteur peut demander la résiliation du contrat, lors
même que le vice de la chose ne l'eût pas empêché de l'acheter,
mais seulement d'en donner le même prix.

La restitution de tout, ou partie du prix, ne constitue pas seule
l'indemnité due par le garant. S'il a vendu de mauvaise foi, c'est-
à-dire, s'il connaissait les vices de la chose, il doit tous les dommages-intérêts (art. 1645); et cette disposition serait appliquée,
lors même qu'il ne connaîtrait pas ces vices, s'il était, en raison de
sa profession, obligé de les connaître.

Mais, hors ce cas, il ne serait tenu, s'il les ignorait, qu'à la
restitution du prix et des frais occasionnés par la vente (art. 1646).

Si la chose qui avait des vices a péri par suite de sa mauvaise
qualité, la perte est pour le vendeur, qui sera tenu, envers l'acheteur, à la restitution du prix, et aux autres dédommagemens
expliqués ci-dessus. Mais si elle a péri par cas fortuit, le vice alors
n'ayant fait aucun tort à l'acheteur, le Code laisse la perte à sa
charge (art. 1647).

Il faut décider que si la chose vicieuse s'est seulement détériorée
par une cause indépendante du vice dont elle est affectée, la dété-
rioration est supportée par le vendeur.

Il nous paraît aussi que l'on doit tempérer la disposition finale
de l'art. 1647, en accordant au moins à l'acheteur l'action *quanto
minoris*.

La sûreté du commerce exigeait qu'on renfermât dans un bref
délai l'exercice de cette action et de celle dite *redhibitoire*. Ce délai
varie suivant la nature des vices et l'usage des lieux art. 1648).

Au surplus, la garantie des défauts cachés n'est pas de l'essence
de la vente; on peut donc en général l'exclure, pourvu qu'on
le fasse de bonne foi : la loi elle-même déclare qu'elle n'a pas lieu
dans les ventes faites par autorité de justice (art. 1649).

CHAPITRE V. — DES OBLIGATIONS DE L'ACHETEUR.

La principale obligation de l'acheteur est de payer le prix convenu au jour et au lieu réglés par la vente (art. 1650).

A défaut de stipulation, le paiement doit se faire au temps et au lieu de la délivrance (art. 1651). Toutefois, si la vente n'était pas au comptant, il faudrait appliquer l'art. 1247.

La dette du prix, comme toute dette d'argent, peut porter intérêt en vertu d'une convention expresse. Mais, indépendamment même de toute convention, la nature du contrat de vente, essentiellement commutatif, soumet de plein droit l'acheteur au paiement des intérêts, lorsque la chose produit, ou est susceptible de produire, des fruits ou autres revenus. Enfin il est tout simple que la demeure produise ici son effet ordinaire. Il est à remarquer seulement qu'une sommation, sans même qu'elle ait été suivie d'une demande en justice, suffit, nonobstant l'art. 1153, pour constituer l'acheteur en demeure (art. 1652).

De même que le vendeur n'est pas obligé de délivrer la chose, s'il est en danger de perdre le prix, de même l'acheteur n'est pas obligé de payer le prix, s'il est en danger de perdre la chose. Il peut donc, quoique la délivrance soit faite, refuser de payer, s'il est menacé d'éviction. Le Code n'exige même pas qu'il y ait déjà trouble ; il suffit que l'acheteur ait juste sujet de le craindre. Mais, dans tous les cas, la suspension du paiement cesse avec le danger, si le vendeur donne caution : bien plus, il n'y a même pas lieu à cette suspension, s'il y a stipulation contraire (art. 1653).

De la Résolution de la Vente pour défaut de paiement. — La condition résolutoire est toujours sous-entendue dans les contrats synallagmatiques, pour le cas où l'une des parties ne satisferait pas à son engagement (art. 1184). Si donc l'acheteur ne paie pas le prix, le vendeur peut demander la résolution de la vente (art. 1654), et cette action en résolution a effet contre tous tiers acquéreurs, l'acheteur n'ayant pu leur conférer, sur la chose, plus de droits qu'il n'en avait lui-même (art. 2182).

On ne pourrait pas cependant l'intenter, si le contrat portait quittance du prix, lors même qu'une contre-lettre établirait le défaut de paiement (art. 1321).

Elle dure trente ans entre le vendeur et l'acheteur; mais un tiers détenteur pourrait opposer la prescription de dix ou vingt ans.

La loi du reste applique diversement aux meubles et aux immeubles le principe général posé en l'art. 1184.

A l'égard des immeubles, la résolution est prononcée de suite, si le vendeur est en danger de perdre la chose et le prix ; si ce danger n'existe pas, le juge peut accorder un délai plus ou moins long, suivant les circonstances. Ce délai passé, sans que l'acquéreur ait payé, la résolution de la vente sera prononcée (art. 1655).

S'il a été stipulé que, faute de paiement du prix, dans le terme convenu, la vente serait résolue de plein droit, l'acquéreur peut néanmoins payer, après l'expiration du délai, tant qu'il n'a pas été prévenu par une sommation; mais après cette sommation, le juge ne peut pas lui accorder de délai (art. 1656).

A l'égard des denrées et effets mobiliers, le législateur prenant en considération l'intérêt qu'a le vendeur à ne pas rester trop long-temps dans l'incertitude, l'autorise, de plein droit et sans sommation, à regarder la vente comme résolue, par cela seul que le retirement n'a pas eu lieu au terme convenu (art. 1657).

CHAPITRE VI. — DE LA NULLITÉ ET DE LA RÉSOLUTION DE LA VENTE.

La loi ne revient pas ici sur les causes de nullité particulières à la vente et déjà expliquées dans ce titre (1595, 1597, 1599, 1601, 1610, 1618, 1620, 1636, 1638, 1644, 1654), ni sur celles qui sont communes à toutes les conventions (art. 1108, 1117, 1125, 1184, 1305); mais elle traite avec détail de la résolution qui s'opère par l'exercice de la faculté de l'achat, et de la rescision pour vilité du prix.

SECTION Ire. — *De la Faculté de rachat.*

Il ne s'agit pas ici d'une revente. Ce qu'on appelle faculté de rachat ou de réméré est la faculté réservée au vendeur, par le contrat, de reprendre la chose vendue dans un certain délai, en remettant l'acheteur au même état que s'il n'avait pas contracté (art. 1659).

Le délai pendant lequel cette faculté doit être exercée est déterminé par la loi, s'il ne l'a pas été par les parties. Dans tout les cas, il ne peut excéder cinq années (art. 1660).

Ce délai est de rigueur : il ne peut donc être prolongé par le juge (art. 1661). Nous croyons qu'il pourrait l'être par l'acheteur.

Une fois expiré, l'acquéreur demeure propriétaire incommutable (art. 1662); mais on a jugé qu'une simple sommation, accompagnée d'offres, même incomplètes, même irrégulières, serait une manifestation suffisante de la volonté du vendeur, et conserverait ses droits.

Enfin, il court contre toutes personnes, même contre les mineurs (art. 1663). Il est bien clair, au reste, que si la déchéance encourue par les incapables était imputable à leurs surveillans ou représentans, ils auraient leur recours contre ceux-ci.

La clause de rachat constitue réellement une condition résolutoire, et cette condition, ne suspendant pas les effets du contrat, l'acquéreur devient immédiatement propriétaire : à ce titre il peut exercer tous les droits qu'exercerait le vendeur lui-même, opposer aux créanciers de celui-ci les exceptions que peut opposer tout tiers détenteur; enfin la chose est à ses risques et périls (art. 1665, 1666).

Mais sa propriété est résoluble, et conséquemment il ne peut transmettre qu'un droit soumis à la même résolution. De là la faculté accordée au vendeur d'exercer son action contre un tiers acquéreur, sans avoir égard à la bonne ou mauvaise foi de celui-ci. De là encore il résulte que le bien rentre libre de toutes charges ou hypothèques. Mais l'intérêt commun des parties exigeait que le vendeur fût obligé à exécuter les baux faits sans fraude (art. 1673, al. 2).

Le vendeur qui use du pacte de rachat doit rembourser non-seulement le prix principal, mais encore les frais et loyaux coûts de la vente, les réparations nécessaires, et celles qui ont augmenté la valeur du fonds, jusqu'à concurrence de cette augmentation. Il ne peut rentrer en possession qu'après avoir satisfait à toutes ces obligations (art. 1673, al. 1).

On ne pourrait pas licitement convenir que, pour exercer le réméré, il sera tenu de restituer une somme supérieure au prix qu'il a reçu : une semblable stipulation cacherait presque toujours quelque convention usuraire.

De son côté l'acheteur devrait faire raison des dégradations qu'il aurait commises. Quant aux fruits, ils sont la compensation des intérêts payés, ou de la jouissance du prix, et ils ne doivent pas être restitués.

L'exercice de l'action en réméré présente au reste peu de difficulté lorsque la chose a été vendue en totalité par un seul vendeur à un seul acquéreur, et qu'ils sont tous deux vivans au moment où l'action est exercée. Mais son effet se complique davantage dans les cas suivans :

1° Si la vente n'a eu lieu que pour une part indivise de la chose, et que, sur une licitation provoquée contre lui, l'acquéreur se soit rendu adjudicataire de la totalité, le vendeur alors est bien obligé de subir les effets de cette licitation, comme il les aurait subis s'il n'avait pas vendu ; et il sera forcé de retirer le tout, s'il veut user du pacte (art. 1667).

2° S'il y a eu plusieurs vendeurs, et alors il faut distinguer : si la vente n'a pas été faite conjointement, mais que chaque propriétaire ait vendu séparément sa part, chacun peut exercer l'action pour la portion qui lui appartient, et l'acquéreur est obligé de souffrir le réméré partiel (art. 1671). Si, au contraire, la vente a été faite conjointement et par un seul contrat, chacun ne peut, à la vérité, exercer l'action que pour la part qu'il avait dans l'héritage ; mais l'acquéreur peut exiger que tous les co-vendeurs

soient mis en cause, à l'effet de s'entendre pour la reprise de cet
héritage en entier; et, faute par eux de se concilier, le réméré n'a
lieu pour aucune partie (art. 1668, 1670).

Il en est de même lorsque le vendeur, qui était seul dans le
principe, a laissé plusieurs héritiers (art. 1669).

La divisibilité de l'action en réméré reçoit également son application au cas où ce serait l'acquéreur qui aurait laissé plusieurs
héritiers. Il est évident que chacun ne peut être actionné que
pour sa part héréditaire, si la chose est encore indivise; mais une
fois le partage fait, le retrait s'exercera contre chacun, pour la
portion tombée dans son lot, ou même pour le tout contre un
seul, si la chose entière lui est échue (art. 1672).

SECTION II. — *De la Rescision de la Vente pour cause de
lésion.*

Quoique, en général, la lésion ne soit pas une cause de restitution pour les majeurs, la loi, prenant ici en considération la
position du vendeur, que le besoin d'argent force souvent à vendre
au-dessous du juste prix, lui accorde l'action en rescision; mais
pour cela il faut : 1° que l'objet vendu soit un immeuble; 2° que
la lésion soit de plus des sept douzièmes. Du reste cette rescision,
fondée sur l'équité, a lieu nonobstant toute clause ou stipulation
contraire; car ces clauses, qui d'ailleurs seraient devenues de
style, sont infectées du même vice que la vente. Par ces motifs, on
ne s'arrêterait même pas à celle par laquelle le vendeur déclarerait
donner la plus-value (art. 1674).

Toutefois si la renonciation à l'action en rescision était posté-
rieure au contrat de vente, elle nous semblerait parfaitement
valable. Ce serait alors l'art. 1338 qui deviendrait applicable.

La lésion ne peut être cause de rescision, si elle n'existe au
temps même de la vente. Il faut donc se référer, à cette époque,
pour la constater, d'après l'état et la valeur de l'immeuble (art.
1675).

C'est au vendeur à la prouver. Mais plusieurs conditions sont exigées pour qu'il puisse être admis à la preuve.

Et d'abord, l'action doit être intentée dans le délai de deux années, à compter de la vente.

Ce délai est de rigueur, il court quelque soit le privilége de la personne à laquelle appartient l'action, ce qui s'applique aux femmes mariées, aux absens, aux interdits, et aux mineurs venant du chef d'un majeur qui a vendu ; car s'ils avaient vendu eux-mêmes, ils pourraient invoquer l'art. 1304 ; il court aussi et n'est pas suspendu pendant le temps stipulé pour le pacte de rachat (art. 1676).

Il faut encore que la vente ne soit pas du nombre de celles qui, d'après la loi, ne peuvent être faites qu'en justice, (art. 1684).

Il faut enfin que les faits allégués par le vendeur soient vraisemblables et de nature à faire présumer la lésion (art. 1677).

Si toutes ces conditions existent, un premier jugement est rendu qui admet le vendeur à la preuve.

La preuve ne peut se faire que par un rapport de trois experts nommés d'office, à moins que les parties ne se soient accordées pour les nommer tous le trois conjointement. Ils sont tenus de dresser un seul procès-verbal commun, et de ne former qu'un avis, à la pluralité des voix (art. 1678).

Néanmoins, les avis différens, s'il y en a, sont énoncés et motivés, mais sans indication de leurs auteurs (art. 1679).

S'il est jugé qu'il y a lieu à rescision, l'acquéreur a le choix, ou de vendre la chose, en retirant le prix qu'il a payé, ou de garder le fonds, en fournissant le supplément du juste prix, et, pour ne pas le priver entièrement du bon marché sur lequel il a compté, le Code autorise une déduction du dixième sur le prix total.

Que si l'acheteur a revendu, il n'a pu transmettre à son acquéreur qu'un droit sujet à rescision comme le sien propre ; mais ce tiers possesseur a le même choix que lui, sauf, dans tous les cas, son recours en garantie (art. 1681).

Si l'acheteur préfère garder la chose, en fournissant le supplément du prix, il doit l'intérêt de ce supplément du jour de la demande en rescision.

S'il préfère la rendre et recevoir le prix, il restitue les fruits du jour de la demande.

L'intérêt du prix qu'il a payé lui est aussi compté, du jour de la même demande, ou du jour du paiement, s'il n'a perçu aucuns fruits (art. 1682). Le vendeur, en effet, se trouvant, dans ce dernier cas, n'avoir été privé d'aucune partie de la jouissance de la chose, ne doit pas retenir gratuitement la jouissance du prix.

Les règles établies dans la précédente section, relativement à l'exercice de la faculté de rachat, lorsqu'il y a plusieurs covendeurs, ou plusieurs héritiers, soit du vendeur, soit de l'acheteur, s'appliquent également à l'exercice de l'action en rescision (art. 1685).

CHAPITRE VII. — De la Licitation.

La licitation est la mise aux enchères d'un bien appartenant à plusieurs co-propriétaires, entre lesquels le prix doit en être partagé. Cette licitation doit avoir lieu sur la demande d'un des intéressés, toutes les fois que le bien ne peut, sans perte ou incommodité, être divisé en plusieurs lots; il suffit même qu'aucun des co-partageans ne veuille le prendre pour qu'il soit licité (art. 1686).

En principe, la faculté d'enchérir, n'appartient qu'aux co-propriétaires; mais, dans la crainte des abus, la loi veut que les étrangers soient admis sur la demande d'une seule des parties : elle les admet de droit quand il y a des mineurs (art. 1687).

Nous n'entrerons pas dans de plus grands détails sur la licitation, dont le mode et les formes sont réglés au titre des *Successions* et au Code de procédure (Cod. civ.; art. 815, 842.; Cod. pr. 966, — 985).

Nous nous bornerons à observer que la licitation, lorsque c'est un étranger qui se rend adjudicataire, a tous les effets d'une vente ; mais que ses effets sont ceux d'un partage, lorsque le bien est adjugé à l'un des co-propriétaires ; et cette distinction est importante, puisqu'elle amène des différences notables en ce qui concerne les hypothèques consenties sur l'immeuble licité.

CHAPITRE VIII. — Du Transport dés Créances et autres Droits incorporels.

Sous ce chapitre les rédacteurs du Code ont compris ce qui est relatif à la vente des créances ordinaires, à la vente d'une hérédité, et à la vente des droits litigieux.

De la Vente des créances. — La vente d'une créance, comme celle d'une chose corporelle, est parfaite par le seul consentement des parties, et la délivrance s'opère entre le cédant et le cessionnaire, par la remise des titres (art. 1689).

Mais, à l'égard des tiers, le cessionnaire n'est saisi que par la signification qu'il fait de son transport au débiteur, ou par l'acceptation de celui-ci dans un acte authentique (art. 1690). Toutefois il n'est pas douteux, selon nous, que le cessionnaire ne soit pareillement saisi, vis-à-vis du débiteur, par l'acceptation que celui-ci fait du transport, dans un acte sous seing privé ; car les actes sous seing privé ont, entre ceux qui les ont souscrits, leurs héritiers et ayant-cause, la même foi que l'acte authentique (art. 1322).

Du principe que le cessionnaire n'est saisi à l'égard des tiers que par la signification ou acceptation, il résulte que jusque-là le débiteur peut se libérer en payant le cédant (art. 1691), et que les créanciers de ce dernier peuvent saisir-arrêter la créance : ils seront préférés au cessionnaire.

Par suite du même principe, entre deux cessionnaires de la même créance, la préférence est accordée à celui qui le premier a signifié ou fait accepter.

La vente ou cession d'une créance comprend les accessoires de la créance, tels que caution, privilége ou hypothèque (art. 1692.

La même raison d'équité, qui oblige le vendeur d'une chose corporelle à la garantie des troubles et évictions, soumet le vendeur d'une créance à en garantir l'existence au temps du transport. Aussi est-il tenu de cette garantie, dite *de droit*, quoique le transport soit fait sans garantie (art. 1693). Mais il ne répond de la solvabilité du débiteur qu'autant qu'il s'y est expressément engagé : c'est ce qu'on appelle *garantie de fait*. La loi, au reste, borne l'obligation résultant de cette garantie au montant du prix de la vente (art. 1694). Mais rien ne s'opposerait à ce que, par l'effet d'une clause particulière, elle ne s'élevât au-dessus de ce prix.

La garantie de fait ne s'applique qu'à la solvabilité actuelle, car l'insolvabilité qui survient postérieurement est un cas fortuit, et le vendeur ne peut être facilement supposé vouloir se charger des cas fortuits. Pour lui reconnaître cette intention, il faudrait une stipulation expresse (art. 1693).

De la Vente d'une hérédité. — L'hérédité est un bien incorporel, un droit qui peut être vendu, en ce sens que l'on peut transporter à prix d'argent les effets attachés à la qualité d'héritier.

L'objet de cette vente étant ainsi connu, il est évident que le vendeur n'est, en général, tenu de garantir que la qualité même dont il transporte les effets (art. 1696).

S'il avait déjà profité des fruits de quelque fonds, ou reçu le montant de quelque créance, ou vendu quelques effets de la succession, il devrait en faire le remboursement à l'acheteur, à moins qu'il ne les eût expressément réservés lors de la vente (art. 1697); car celui qui vend une hérédité, vend par cela même tout ce qui en dépend, tout ce qui est provenu de cette hérédité, et tout ce qui pourra en provenir.

Il doit aussi faire raison à l'acheteur de ce qu'il devait au défunt, nonobstant la confusion qui a éteint sa dette : entre eux la confusion est censée n'avoir pas eu lieu.

Il devrait même faire raison du prix des choses par lui vendues, quand bien même elles seraient venues à périr par cas fortuit. S'il n'en avait pas encore touché le prix, il céderait à l'acheteur les actions qu'il a contre les débiteurs.

Lorsqu'un héritier pour partie a vendu ses droits successifs, si l'un des cohéritiers renonce, l'accroissement profite à l'acquéreur.

L'acquéreur qui perçoit tout le profit résultant de l'hérédité, doit de son côté indemniser le vendeur de tout le préjudice qu'a pu lui occasionner cette hérédité, s'il n'y a stipulation contraire (art. 1698).

De la Vente d'un droit litigieux. — Une disposition particulière, fondée sur la haine que méritent les acheteurs de procès, autorise celui contre lequel on a cédé un droit litigieux, à s'en faire tenir quitte, en désintéressant le cessionnaire, c'est-à-dire, en le remettant au même état que s'il n'avait pas acquis (art. 1699).

Quelqu'évident que puisse paraître le droit cédé, il suffit qu'il y ait procès et contestation sur le fonds du droit, pour que la loi le répute litigieux (art. 1700).

Mais la disposition rigoureuse de l'article 1699, cesse avec sa cause, quand le cessionnaire a eu juste sujet d'acquérir, ce qui arrive dans trois cas :

1° Lorsqu'il était co-propriétaire du droit cédé : la cession alors est pour lui un moyen de sortir de communauté.

2° Lorsqu'étant créancier du cédant, la cession n'a été pour lui qu'un moyen de paiement.

3° Lorsqu'étant possesseur de l'héritage sujet au droit litigieux, la cession qu'il a acceptée a été un moyen de se maintenir en paisible possession (art. 1701).

DE L'ÉCHANGE.

(Code civil, livre 3, titre 7).

L'échange est un contrat par lequel les parties se donnent réciproquement une chose pour une autre (art. 1702).

Fidèle à ses principes, notre législateur dispose qu'il se forme par le fait seul du consentement (art. 1703).

Presque toutes les règles de la vente sont au reste applicables à l'échange (art. 1707). Je me contenterai donc d'indiquer la seule, pour ainsi dire, qui lui soit particulière; elle est contenue dans l'art. 1706, qui porte : « La rescision, pour cause de lésion, n'a pas lieu dans le contrat d'échange. »

www.ingramcontent.com/pod-product-compliance
Ingram Content Group UK Ltd.
Pitfield, Milton Keynes, MK11 3LW, UK
UKHW022347120726
13694UKWH00004B/1742